W0239197

À VOS PAPILLES !

La cuisine des restes

ARTÉMIS ÉDITIONS

Direction éditoriale : Hélène Tellier
Suivi éditorial : Marion Balbarie
PAO : Francis Rossignol, Nathalie Lachaud
Photogravure : Bertrand Desboudard
Relecture : Claire Gourié

www.editions-artemis.com

ISBN : 978-2-8160-1734-2
No éditeur : 8160
Dépôt légal : avril 2021

Achevé d'imprimer : février 2021
Imprimé en Europe par Impression World

À VOS PAPILLES !

La cuisine des restes

SCADI KAISER

ARTÉMIS ÉDITIONS

Sommaire

Je cuisine avec ce qu'il me reste

Recettes

LÉGUMES

VIANDE POISSON

Je cuisine
avec ce qu'il me reste...

Quand le réfrigérateur, la corbeille à fruits, le bac à légumes et le placard à provisions se vident ou quand les restes du dîner de la veille encombrent le plan de travail, l'heure est venue d'inventer une cuisine qui s'adapte aux produits disponibles en faisant preuve d'imagination pour créer du nouveau ou revisiter les classiques. Les épices, les herbes aromatiques, les graines et les fruits sont alors une aide précieuse.

Un ingrédient manque ou sa quantité est insuffisante ? Ce n'est pas une raison pour ne pas réussir une recette ! Il suffit de l'adapter ou de remplacer le produit absent par un autre. Une belle occasion de partir à la découverte de nouvelles aventures gustatives !

Les réserves diminuent au point de se réduire aux produits de base ? Pas de panique, 2 ou 3 brins de ciboulette, une pincée de cannelle, une cuillerée de noisettes concassées, un fruit frais émincé suffisent à donner couleur et goût à un plat très simple.

Pour ne pas gâcher la nourriture et donner une seconde vie à des restes de plats, cuisinons en toute liberté, le meilleur moyen de réussir un repas équilibré et savoureux.

Nota bene : les quantités indiquées ne sont pas à prendre au pied de la lettre, complétez ce qui vous manque par un autre ingrédient et ajustez la recette au nombre de personnes.

Recettes

Salade joyeuse

avec topping de mangue verte

Une salade pour l'entrée ou en plat principal avec une note exotique et acidulée.

Pour 4 personnes

Préparation 15 min

- 3 tomates
- 1 concombre
- 1 avocat
- 1 mangue verte
- Fleurs de thym
- Huile d'olive
- Citron
- Sel, poivre

Coupez les tomates, le concombre et l'avocat en dés, mêlez en salade avec une vinaigrette simple à base d'huile d'olive et de jus de citron.

Décorez avec la mangue coupée en tranches fines et parsemez de fleurs de thym.

LÉGUMES

Salade verte

plus ou moins vêtue

Une salade fantaisie, au gré des trouvailles dans le réfrigérateur ou dans le garde-manger.

Pour 4 personnes

Préparation : 10 min

- 1 laitue
- 1 batavia ou de la roquette + ingrédients au choix
- Huile d'olive
- Vinaigre
- Sel, poivre

Lavez et préparez la salade avec une vinaigrette parfumée (thym, basilic, ciboulette, persil...).

Agrémentez de noisettes concassées, de tomates séchées taillées en fines lanières, de fromage à pâte dure râpé, de petites tranches de pomme, de raisins secs ou de baies de canneberge, à combiner librement.

Salade
d'endives néoclassique

Il reste du bleu d'Auvergne. Il ferait mauvaise mine sur un plateau de fromages, mais comme il accompagne bien l'endive !

Pour 2 personnes

Préparation : 10 min

- 2 endives
- Bleu d'Auvergne
- Noix concassées
- Huile d'olive
- Vinaigre balsamique
- Sel, poivre

Lavez, séchez et coupez les endives en tranches fines, ajoutez du bleu d'Auvergne en morceaux, mêlez en salade avec une vinaigrette simple à base d'huile d'olive et de vinaigre balsamique.

Servez et parsemez de cerneaux de noix hachés.

Variante : *remplacez le bleu d'Auvergne par du roquefort ou de la fourme d'Ambert et les noix par des noisettes. Ajoutez une demi-orange en dés pour une belle note de fraîcheur.*

Petite salade

de tomates aux faux croûtons

Ah, les croûtons frottés d'ail... Comment, il n'y en a plus ? Pas de souci, les grandes tranches de pain grillé ou les biscottes font très bien l'affaire.

Pour 2 personnes

Préparation : 10 min

- 2 belles tomates
- 1 biscotte de pain de campagne
- 1 gousse d'ail
- Huile d'olive
- Vinaigre balsamique
- Sel, poivre

Coupez les tomates en tranches. Frottez généreusement la grande biscotte avec une gousse d'ail avant de la casser en petits morceaux.

Disposez le tout dans un bol. Arrosez d'un filet d'huile d'olive de bonne qualité et de quelques gouttes de vinaigre.

Assaisonnez et mélangez.

Variante : *frottez d'ail les gressins de l'apéritif de la veille.*

Salade de mâche

chic qui ne laisse pas sur sa faim

Transformer une petite salade en plat copieux bourré de vitamines ? Facile, même un dimanche soir !

Pour 2 personnes

Préparation : 15 min

- 200 g de mâche
- 1 avocat
- 1 petit oignon doux
- 2 œufs (1 par personne)
- 2 c. à s. de fraises ou de mûres
- Huile d'olive
- Vinaigre balsamique
- Sel, poivre

Lavez soigneusement la mâche.

Faites durcir les œufs (8 min), coupez-les en gros cubes.

Émincez l'avocat et l'oignon.

Préparez une vinaigrette.

Mélangez tous les ingrédients.

Servez la salade parsemée de fruits frais.

Variante : *remplacez les œufs par 2 tranches de jambon cru coupées en lanières puis frites à la poêle, et les fruits par des copeaux de fromage.*

Salade de pommes de terre, radis et oignons frais

Il reste toujours des pommes de terre après la raclette...
Mais c'est formidable pour faire une petite entrée fraîche et craquante !
Ah, bon ? Mais oui !

Pour 2 personnes
Préparation : 10 min

- 4 pommes de terre cuites à l'eau avec la peau
- 1 poignée de radis
- 2 oignons frais ou 1 oignon doux
- Huile d'olive
- Vinaigre de Xérès
- Persil frais
- Sel, poivre

Enlevez la peau des pommes de terre.

Lavez et nettoyez les radis.

Coupez tous les légumes en rondelles fines et mêlez avec une vinaigrette parfumée au persil haché fin.

Salade
en rose, blanc et vert

Les trois bottes de radis au prix de deux, c'est bien, mais maintenant, il vous en reste une ? Pourquoi ne pas réaliser une petite entrée joliment colorée ?

Pour 2 personnes

Préparation : 10 min

- Radis
- Feta
- Persil
- Ciboulette ou cerfeuil frais
- Huile d'olive
- Citron
- Sel, poivre

Coupez les radis en rondelles (réservez les feuilles pour la soupe aux fanes de radis p. 28 ou pour la poêlée aux fanes de radis p. 46), émiettez la feta, hachez les fines herbes.

Mélangez tous les ingrédients, ajoutez un filet d'huile d'olive et un trait de jus de citron sans oublier d'assaisonner.

Soupe
aux légumes avec une note piquante

Une bonne soupe de légumes avec une sélection d'ingrédients au choix que l'on booste avec un petit piment, histoire de donner du peps à une soirée d'hiver.

Pour 2 à 4 personnes
Préparation : 30 min
Cuisson : 45 min

- 7 carottes
- 10 feuilles de chou chinois
- 1 poireau
- 4 pommes de terre
- 1 oignon
- 2 gousses d'ail
- 1 petit piment sec
- 1 branche de romarin
- Huile d'olive
- Sel, poivre

Nettoyez, épluchez et coupez les légumes en morceaux de la même taille.

Émincez l'oignon, écrasez l'ail, réduisez le piment.

Faites revenir l'ail, l'oignon, la branche de romarin et le piment dans un petit fond d'huile.

Ajoutez les légumes, recouvrez d'eau.

La soupe est prête quand les légumes sont tendres.

Velouté d'asperges

Tout se mange dans l'asperge ! Mais non !
Mais si, regardez !

Pour 2 personnes
Préparation : 15 min
Cuisson : 30 min

- Épluchures et embouts durs de 1 botte d'asperges
- 1 pomme de terre
- 1 échalote
- Beurre
- Sel, poivre

Épluchez et coupez la pomme de terre en petits morceaux. Émincez l'échalote.

Faites revenir l'échalote dans une noisette de beurre sans colorer, ajoutez les épluchures d'asperges, les embouts coupés en tronçons et la pomme de terre.

Recouvrez à peine avec l'eau des asperges cuites à la vapeur (voir Asperges sautées à l'échalote p. 42).

À la fin de la cuisson, tamisez pour éliminer les morceaux d'asperges, prélevez et réservez une louchée de bouillon.

Passez le velouté au mixeur, ajustez la texture avec le bouillon mis de côté.

Décorez d'une tête d'asperge ou de quelques feuilles de cerfeuil hachées et servez.

Soupe
aux fanes de radis

Une soupe avec des fanes de radis pour imiter nos grands-mères qui ne jetaient rien – et elles avaient bien raison !

Pour 2 personnes
Préparation : 10 min
Cuisson : 20 min

- Fanes de 1 botte de radis du marché du jour
- 2 pommes de terre
- 1 échalote
- Beurre
- 1 c. à s. de crème fraîche épaisse
- Sel, poivre

Lavez soigneusement les fanes des radis avant de les tailler. Épluchez les pommes de terre et coupez-les en dés. Émincez l'échalote.

Faites revenir l'échalote dans une noisette de beurre sans colorer, ajoutez les fanes et les pommes de terre.

Couvrez d'eau, montez à ébullition et faites cuire à frémissement.

Une fois la soupe prête, prélevez et réservez une louchée de bouillon, puis mixez la soupe et ajoutez du bouillon si nécessaire.

Décorez d'une belle cuillerée de crème fraîche et servez.

Purée
arc-en-ciel

Il suffit d'un bouquet de brocoli ou d'une patate douce solitaire pour transformer une purée en douceur colorée.

Pour 2 personnes
Préparation : 10 min
Cuisson : 15 min

- 1 patate douce
- 2 pommes de terre
- 1 carotte
- Lait
- Beurre ou crème fraîche épaisse
- Quatre-épices
- Noix
- Sel, poivre

Épluchez et coupez les légumes en morceaux de taille égale.

Faites-les cuire dans un mélange composé de 3/4 d'eau et 1/4 de lait.

Passez les légumes au presse-purée. Ajoutez du beurre ou de la crème fraîche épaisse et une pointe de couteau de quatre-épices.

Décorez avec quelques cerneaux de noix.

Variante : *remplacez la patate douce par 1 bouquet de brocoli, 3 poignées d'épinards ou 1 betterave crue râpée (ne pas ajouter le quatre-épices dans ce cas).*

Panaché
de légumes rôtis

Un classique pour les grandes ou petites tablées qui joue la carte de la variété. Toutes les combinaisons sont gagnantes !

Pour 2 à 6 personnes
Préparation : 15 à 30 min
Cuisson : 1 h

- Légumes variés (pommes de terre, carottes, betteraves, navets, panais, courgettes, potirons, poivrons, tomates, endives, oignons...)
- Ail
- Huile d'olive
- Sel, poivre

Épluchez et coupez les légumes en tronçons de taille égale. Déposez-les dans un saladier avec de l'huile d'olive et mélangez.

Étalez les légumes sur une plaque couverte de papier sulfurisé, ajoutez plusieurs gousses d'ail en chemise et quelques branches de romarin. Assaisonnez.

Faites dorer au four à feu moyen, 180 °C (th. 6), sans oublier de retourner régulièrement les légumes en cours de cuisson.

Si vous associez légumes-fruits et légumes-racines, pensez à couper les premiers en tronçons de taille supérieure à celle des seconds.

Curry de brocoli

avec son bol de riz collant

Oh la barbe, il reste du brocoli de la veille ! Mais non, c'est idéal pour préparer un petit curry vite fait !

Pour 4 assiettes
Préparation : 10 min
Cuisson : 30 min

- 1 gros brocoli cuit de la veille
- 1 oignon
- 2 gousses d'ail
- Huile d'olive
- 20 cl lait de coco
- 1 petit poivron rouge
- Huile de sésame ou de tournesol
- Épices : coriandre, curcuma et gingembre moulu
- Sel

Partagez le brocoli en petits bouquets, émincez l'oignon, écrasez l'ail.

Faites revenir au wok le poivron rouge coupé en lanières, l'oignon, l'ail et les épices dans l'huile.

Dès que les parfums se libèrent, ajoutez le lait de coco, couvrez et cuisez à feu doux.

Ajoutez le brocoli. Servez avec un bol de riz à l'étouffée (recette p. 92).

Variante : *ajoutez 1 c. à s. d'arachides coques décortiquées et concassées au mortier par assiette.*

Fenouil
fondant au bleu

Les dernières feuilles de la salade ont l'air morose et le morceau de fromage à pâte persillée se sent abandonné... Heureusement, il y a 2 petits bulbes de fenouil pour leur donner un coup de tonus !

Pour 2 personnes
Préparation : 10 min
Cuisson : 15 min

- 2 bulbes de fenouil
- 5 ou 6 feuilles de batavia
- Bleu d'Auvergne
- Huile d'olive
- Sel, poivre

Taillez le fenouil en tranches fines et la salade en lanières épaisses.

Faites chauffer l'huile d'olive dans une poêle, ajoutez le fenouil et la salade, faites cuire à feu doux pour un résultat fondant.

Parsemez de bleu d'Auvergne ou de roquefort et prolongez la cuisson 2 min.

Variante : *décorez chaque assiette avec de belles tranches de pommes.*

Fausse raclette

avec vrais poireaux

La raclette en famille du dimanche était un succès, mais voilà, que faire avec les 5 tranches de fromage qui restent ?

Pour 2 personnes
Préparation : 10 min
Cuisson : 20 min

- 2 beaux poireaux
- 1 échalote
- 1 gousse d'ail
- Quelques tranches de fromage à raclette
- Huile d'olive
- Un fond de vin blanc
- Sel, poivre

Coupez les poireaux en tronçons, émincez l'échalote, écrasez l'ail.

Faites revenir échalote et ail dans une poêle avec l'huile d'olive avant d'ajouter les poireaux. Faites revenir à feu moyen en remuant de temps en temps.

Déglacez avec un fond de vin blanc.

Étalez la préparation dans un plat beurré, recouvrez de tranches de fromage à raclette et faites dorer au four 5 min environ à 210 °C (th. 7) position gril.

Ragoût
de pommes de terre et de poireaux au lait de coco

Que le panier à provisions a triste mine avec ses quelques poireaux et pommes de terre ! Mais voilà qu'arrive le lait de coco !

Pour 2 personnes
Préparation : 10 min
Cuisson : 20 min

- 4 pommes de terre
- 2 beaux poireaux
- 1 oignon
- 20 cl de lait de coco
- Facultatif : 1/2 c. à. c. de quatre-épices moulu
- 1 pointe de couteau de piment
- Jus de 1/4 de citron
- Huile d'olive
- Sel, poivre

Émincez l'oignon, taillez les pommes de terre et les poireaux en tronçons de taille moyenne.

Dans un wok, versez un peu d'huile et faites revenir l'oignon et les épices.

Ajoutez les légumes et le lait de coco plus 10 cl d'eau (la moitié de la brique de lait de coco) et poursuivez la cuisson à feu doux jusqu'à absorption du liquide par les légumes.

Ajoutez le jus de citron à mi-cuisson.

Pensez à surveiller la cuisson en remuant de temps en temps.

Asperges
sautées à l'échalote

La bonne idée, c'est de proposer le velouté d'asperges (recette p. 26) en entrée et les asperges sautées en plat : un combo gagnant pour fêter l'arrivée du printemps !

Pour 2 personnes
Préparation : 20 min
Cuisson : 10 min

- 1 botte d'asperges vertes ou blanches
- 1 échalote
- Huile d'olive
- Sel, poivre

Épluchez les asperges et coupez l'embout (à réserver pour préparer le velouté). Émincez l'échalote.

Faites blanchir les asperges à la vapeur quelques minutes pour les attendrir (réservez l'eau pour le velouté).

Dans un wok ou un fait-tout, faites revenir l'échalote dans l'huile d'olive sans colorer.

Ajoutez les asperges entières, ou coupées en morceaux si elles sont épaisses, et faites sauter pour colorer sans attacher !

Frittata

version muffins aux légumes et au fromage de chèvre

Il reste des légumes (courgettes, pommes de terre, brocolis...) et des olives de la veille ? Alors, on fait une frittata présentée en portion individuelle !

Pour 2 à 6 personnes
Préparation : 10 min
Cuisson : 15 min

- 4 œufs
- Légumes au choix
- Olives
- Rondelles de fromage de chèvre
- Crème fraîche épaisse
- Huile d'olive
- Sel, poivre

Dans une poêle, faites revenir rapidement les légumes émincés dans de l'huile.

Battez les œufs en omelette avec une généreuse cuillerée de crème fraîche. Assaisonnez.

Chemisez un plat à muffins avec du papier sulfurisé. Déposez votre garniture dans chacun des 6 moules du plat.

Complétez avec l'œuf battu, coiffez avec une tranche de fromage de chèvre.

Mettez au four préchauffé à 200 °C (th. 6-7) et faites dorer 15 min à 180 °C (th. 6).

Fanes de radis

poêlées

Vous avez acheté une botte de radis au marché et les feuilles sont belles. Ce serait dommage de ne pas les utiliser ! Une bonne idée pour remplacer la tapenade.

Pour 2 personnes
Préparation : 10 min
Cuisson : 10 min

Fanes de 1 botte de radis
Beurre
Sel, poivre

Lavez soigneusement les feuilles de radis et coupez les tiges. Découpez les feuilles en lanières.

Dans une poêle, faites cuire à feu doux dans l'eau rendue, ajoutez ensuite une noisette de beurre.

Assaisonnez et servez sur des petites tranches de pain grillé ou sur un demi-œuf dur.

Ragoût
de bettes et polenta

Un ragoût végétarien qui mêle les textures et se prépare avec presque rien !

Pour 4 personnes
Préparation : 15 min
Cuisson : 40 min

- 1 botte de bettes
- 1 boîte de tomates concassées
- Polenta
- 2 gousses d'ail
- Thym
- Huile d'olive
- 1 petit piment
- Sel

Lavez soigneusement puis coupez en fins tronçons les feuilles et les tiges des bettes.

Dans un fait-tout, faites revenir rapidement l'ail écrasé, le piment émincé et le thym dans l'huile.

Versez les tomates, salez, mélangez. Laissez mijoter 5 à 10 min.

Ajoutez les bettes. Laissez mijoter le temps d'obtenir des légumes fondants. Ajoutez un peu d'eau si la préparation attache.

Préparez une polenta comme indiqué sur le mode d'emploi (comptez 2 volumes d'eau pour 1 volume de polenta).

Passez au four avec une noix de beurre pendant 5 min à 210 °C (th. 7) position gril.

Servez en accompagnement avec le ragoût.

Variante : *ajoutez un reste de parmesan râpé dans la polenta.*

Nems

version « restes »

Place à la fantaisie version Asie ou version tradition !
Osez les mélanges et les associations, cette recette est la vôtre !

Pour 2 à 4 personnes
Préparation : 30 min
Cuisson : 15 min

- Légumes variés cuits à l'eau ou vapeur
- Nouilles achetées au rayon asiatique
- Œuf dur ou omelette
- Jambon
- Reste de rôti de bœuf
- 1 paquet de galettes de riz pour nems
- Oignon, ail
- Huile de sésame
- Sauce nem
- Sel, poivre

Taillez les légumes en julienne. Coupez l'œuf, le jambon, la viande en petits morceaux. Écrasez l'ail. Cuisez les nouilles comme indiqué sur le paquet.

Faites chauffer l'huile dans un wok avant d'ajouter l'oignon, l'ail puis la viande et ensuite les légumes.

Remuez jusqu'à ce que tous les éléments soient bien saisis et ajoutez les nouilles. Mélangez soigneusement.

Farcissez ensuite les galettes de riz en suivant le mode d'emploi indiqué sur l'emballage.

Choisissez de faire frire au wok ou de cuire au four à 180 °C (th. 6) pendant 15 min environ.

Variante : *cuisinez uniquement les légumes et remplacez les galettes de riz pour nems par une pâte feuilletée étalée finement. À farcir avec la préparation et à passer au four à 180 °C (th. 6) pendant 30 min.*

Batavia

en version tarte

La batavia a triste mine, oubliée au fond du réfrigérateur depuis quelques jours. Une excellente occasion de préparer une tarte qui ne manque pas d'air !

Pour 1 tarte
Préparation : 15 min
Cuisson : 35 à 40 min

- 1 ou 2 batavias
- 2 oignons doux
- Anchois ou mozzarella
- 1 rouleau de pâte feuilletée
- Huile d'olive
- Sel, poivre

Lavez soigneusement et séchez la salade après avoir ôté les feuilles abîmées, coupez-la en lanières. Émincez les oignons.

Dans un wok, faites chauffer l'huile pour y faire revenir l'oignon, puis ajoutez la salade. Laissez cuire à feu moyen en remuant de temps en temps pendant 10 min environ.

Étalez la pâte dans un plat, ajoutez la préparation.

Décorez avec quelques filets d'anchois avant de faire cuire au four à 180 °C (th. 6) pendant 35 à 40 min.

Variante : *remplacez les filets d'anchois par de la mozzarella ou faites moitié-moitié.*

VIANDE
POISSON

Tournedos

façon Asie

Refaire du nouveau avec du déjà cuit ? Mais oui, une pièce de bœuf dédaignée la veille peut très bien être resservie sous une forme épicée !

Pour 1 à 2 personnes
Préparation : 10 min
Cuisson : 10 min

- 1 pièce de bœuf cuite type tournedos
- 2 poivrons longs (1 vert, 1 rouge)
- 1 gousse d'ail
- 1 oignon
- 1 petit piment
- Sauce soja
- Huile de sésame
- Sel, poivre

Découpez la pièce de viande et les poivrons en lanières. Faites chauffer l'huile avant d'y faire revenir l'ail écrasé, l'oignon émincé et le piment émietté.

Ajoutez les poivrons, et faites revenir à feu moyen tout en remuant. Quand les poivrons sont tendres, mais croquants, ajoutez les petites tranches de viande.

Poursuivez la cuisson quelques instants à feu moyen et arrosez d'un filet de sauce soja.

Remuez et servez avec du riz nature cuit à l'étouffée (recette p. 92) ou des pâtes asiatiques.

Variante : *faites revenir 1 c. à s. de graines de sésame avec l'oignon, l'ail et le piment.*

VIANDE
POISSON

Boulettes

de bœuf au cumin

Avec un reste de viande hachée, la boulette s'impose, version moelleuse ou croustillante.

Pour 20 petites boulettes
Préparation : 30 min
Cuisson : 20 min

- 200 g de viande de bœuf hachée
- 1 échalote
- 2 gousses d'ail
- 1 biscotte type pain de campagne
- 1 œuf
- Une demi-boîte de pulpe de tomates
- Huile d'olive
- Cumin en poudre et en grains
- Coriandre moulue
- Sel, poivre

Hachez l'échalote et l'ail, émiettez la biscotte. Mélangez le tout avec la viande, l'œuf et les épices (1/2 à 1 c. à c. selon votre goût). Formez des boulettes.

Dans une poêle, faites revenir dans un peu d'huile d'olive la pulpe de tomates et les épices, ajoutez ensuite les boulettes jusqu'à cuisson et absorption de la sauce tomate.

Variante : *panez les boulettes et faites-les frire dans une poêle au lieu de les faire mijoter dans la sauce tomate.*

VIANDE POISSON

Pavé

comme un steak haché aux cornichons

Une autre façon de transformer la viande hachée, peut-être avec le reste de la viande des boulettes ? Ou vice versa !

Pour 2 personnes
Préparation : 15 min
Cuisson : 10 min

- 150 g de viande de bœuf hachée
- 100 g de viande de porc hachée
- 1 oignon
- 2 gousses d'ail
- 1 petit pain blanc rassis trempé dans du lait
- 1 œuf
- 8 cornichons
- Sel, poivre

Hachez fin l'oignon, l'ail et les cornichons. Mélangez avec la viande, l'œuf et le pain bien essoré.

Formez des petits pavés et faites cuire à la poêle dans un peu d'huile bien chaude.

Variante : *formez un pain de viande, arrosez d'un filet d'huile et faites cuire au four à 180 °C (th. 6) pendant 30 min environ.*

Poule au pot
façon romarin

La poule au pot constitue une des 3 recettes que l'on peut réaliser avec un seul poulet. Eh oui, 3 repas au lieu d'un, mais pour 2 personnes, d'accord ?

Pour 2 personnes
Préparation : 15 min
Cuisson : 1 h

- 1 poulet fermier
- 6 carottes
- Les branches de 1 fenouil bulbe
- 1 oignon doux
- 3 branches de romarin
- Huile d'olive
- Sel, poivre

Prélevez les 2 cuisses du poulet, réservez pour une autre recette (voir p. 62). Coupez les carottes en rondelles et les oignons en quatre.

Dans une cocotte, faites rapidement revenir dans un peu d'huile les carottes, le fenouil, l'oignon et le romarin en remuant avec une cuillère en bois.

Recouvrez avec de l'eau puis ajoutez le poulet (sans les cuisses). Couvrez, portez à ébullition. Baissez ensuite le feu et laissez mijoter à feu doux pendant 1 h.

Désossez et réservez les blancs pour une autre recette (voir p. 64).

Coupez finement les autres morceaux de viande, déposez-les dans l'assiette, puis versez le bouillon et assaisonnez à votre goût.

1 poulet = 3 repas

VIANDE POISSON

Cuisses de poulet

marinées au citron et romarin

Pour 2 personnes
Préparation : 15 min
Repos : 2 h
Cuisson : 20 min

- 2 cuisses de poulet
- Huile d'arachide
- Marinade au citron
- Sel, poivre

Marinade au citron et au romarin pour viande blanche

- Jus de 1 beau citron
- 4 c. à s. d'huile d'olive
- 2 gousses d'ail écrasées
- 1 pointe de piment en poudre
- 1 branche de romarin à effeuiller
- Sel

Préparez la marinade en mélangeant tous les ingrédients dans un saladier.

Laissez reposer les cuisses de poulet dans la marinade pendant 2 h, en les retournant régulièrement.

Dans un wok, faites chauffer l'huile pour griller le poulet.

Retournez pour bien saisir les deux côtés, couvrez ensuite pour cuisson.

VIANDE POISSON

Blancs de poulet

aux aubergines et aux graines

Pour 2 personnes
Préparation : 10 min
Cuisson : 20 min

- 2 blancs de poulet cuits prélevés sur la poule au pot façon romarin (voir p. 60)
- 1 aubergine
- 1 oignon
- 1 gousse d'ail
- 3 c. à s. d'un mélange de graines (tournesol, courge, pignons) ou de noix de cajou grossièrement concassées
- Sel, poivre

Découpez l'aubergine en dés, émincez l'oignon, coupez la viande de poulet en petits morceaux, écrasez l'ail.

Dans un wok, faites revenir l'oignon et l'ail dans de l'huile. Après légère coloration, ajoutez l'aubergine. Assaisonnez.

Quand l'aubergine est souple, ajoutez la viande. Remuez et laissez mijoter à couvert.

Décorez avec les graines que vous aurez grillées dans une poêle antiadhésive et servez.

VIANDE POISSON

Bœuf

sauté aux oignons et à la laitue

Un pot-au-feu que l'on ressert une fois de trop, cela arrive. Voici une façon de préparer le reste du plat de côtes fort éloignée de son point de départ !

Pour 2 personnes

Préparation : 15 min

Cuisson : 10 min

- Plat de côtes pour pot-au-feu cuit
- 2 oignons
- Une demi-laitue
- Huile d'olive
- Sel, poivre

Découpez la viande en très fines tranches en ôtant le gras. Émincez les oignons. Lavez et essorez la salade, découpez-la en lanières.

Dans un wok, faites revenir la salade dans de l'huile, puis couvrez quelques minutes. Quand les feuilles sont fondantes et légèrement grillées, réservez.

Mettez la viande et les oignons dans le wok, ajoutez un peu d'huile d'olive. Faites revenir jusqu'à ce que la viande prenne couleur et que les oignons s'attendrissent, mais demeurent croquants.

Ajoutez la laitue, assaisonnez, mélangez et servez sans attendre.

VIANDE
POISSON

Saucisse de Toulouse

à la Nasi Goreng

La fille de vos invités est désormais végétarienne, du coup, il vous reste de la saucisse de Toulouse. Un souvenir de vacances en Indonésie vous sauve la mise !

Pour 2 à 4 personnes
Préparation : 10 min
Cuisson : 15 min

- 1 ou 2 saucisses de Toulouse cuites
- 1 à 2 mesures de riz cuit
- 1 mesure de légumes cuits de la veille au choix
- 1 oignon
- 2 gousses d'ail
- Huile de tournesol
- Sel, poivre

Découpez les saucisses et les légumes en petits cubes, émincez l'oignon, écrasez l'ail.

Dans un wok, faites chauffer l'huile pour faire revenir l'oignon et l'ail. Ajoutez la saucisse et le riz, faites rissoler sans cesser de remuer.

Ajoutez finalement les petits légumes et mélangez délicatement.

Assaisonnez éventuellement avec un filet de sauce soja.

Beurre
de sardines

Comme il reste des sardines du barbecue, vous avez envie de préparer un petit beurre de sardines bien frais pour l'apéritif. La famille n'y verra que du feu !

Pour 2 à 6 personnes
Préparation : 10 min

- Sardines cuites
- Beurre (poids équivalent à celui des sardines)
- Un demi-citron
- Sel, poivre

Ôtez la peau et l'arête centrale des sardines. Pilez au mortier le beurre et les sardines en ajoutant un filet de jus de citron.

Vérifiez l'assaisonnement. Réservez au réfrigérateur.

Chausson

en blanc et noir

Un reste de pâte et de tapenade, quelques rondelles de fromage de chèvre (oui, celui que personne ne finit), et hop, voilà une chouette entrée pour deux. À transformer en repas complet si on l'accompagne d'une belle salade !

Pour 2 ou 4 personnes
Préparation : 10 min
Cuisson : 35 min

- Pâte à tarte feuilletée ou brisée
- Tapenade d'olives noires
- Fromage de chèvre
- Thym
- Huile d'olive
- Poivre

Découpez 2 ou 4 carrés de pâte à tarte, tartinez-les généreusement de tapenade.

Déposez les tranches de fromage de chèvre sur une moitié de chaque carré – pensez à former un chausson triangulaire –, parsemez de thym, rabattez l'autre moitié et pincez les rebords.

Badigeonnez le dessus du chausson avec de l'huile d'olive pour faire dorer.

Passez au four préchauffé à 180 °C (th. 6) et laissez cuire pendant 35 min.

Variante : *décorez la pâte avec des graines ou 1 tranche de fromage supplémentaire.*

Tarte dorée

aux oignons et fromage

Personne ne termine jamais les derniers morceaux de fromage. Ils finiront donc râpés sur une tarte, par exemple, histoire de lui donner du croquant !

Pour 4 personnes
Préparation : 30 min
Cuisson : 35 à 40 min

- Pâte à tarte feuilletée ou brisée
- 6 gros oignons
- 2 gousses d'ail
- 125 ml de lait ou 25 cl de crème fraîche épaisse ou liquide
- 1 œuf
- Fromage à pâte dure
- Sel, poivre

Coupez les oignons une première fois en deux puis en tranches, écrasez l'ail.

Dans une poêle, faites revenir l'ail et les oignons dans l'huile d'olive, puis laissez cuire lentement à feu doux pour obtenir une oignonade légèrement confite.

Foncez un moule à tarte, étalez les oignons. Battez l'œuf dans 125 ml de lait ou 25 cl de crème fraîche épaisse ou liquide, assaisonnez et versez sur la tarte.

Râpez vos restes de fromage sur la tarte. Passez au four préchauffé à 180 °C (th. 6) et laissez cuire pendant 35 à 40 min.

Tarte
à facettes

Pourquoi choisir quand on peut jouer la carte de la variété ?
Parfois, avoir moins signifie vraiment avoir plus !

Pour 4 personnes
Préparation : 45 min
Cuisson : 35 à 40 min

- 1 pâte à tarte rectangulaire brisée ou feuilletée
- Une demi-laitue ou scarole
- 1 oignon
- 2 gousses d'ail
- Fromage de chèvre
- 1 tomate
- Noix
- Olives noires dénoyautées
- Huile d'olive
- Sel, poivre

Taillez la salade en lanières, émincez l'oignon, écrasez l'ail, coupez la tomate et le fromage de chèvre en tranches, concassez les noix.

Dans une poêle, faites revenir l'ail et l'oignon avec un peu d'huile d'olive. Ajoutez la salade et poursuivez la cuisson à feu doux. Assaisonnez.

Mettez la pâte à tarte dans un plat et étalez la préparation sur une moitié de la tarte. Sur l'autre moitié, rangez les rondelles de tomates en alternant avec les tranches de fromage de chèvre.

Parsemez le côté salade de noix. Parsemez le côté tomate de thym et d'olives.

Mettez au four préchauffé à 180 °C (th. 6) et laissez cuire pendant 35 à 40 min.

Variante : *remplacez les noix par des anchois ou encore par un assortiment de graines.*

Chips
et torsades

Allez, aujourd'hui, on vide le placard et le réfrigérateur et on fabrique nos propres biscuits salés pour l'apéritif. Que le plus inventif gagne !

Pour 2 à 6 personnes
Préparation : 15 min
Cuisson : 10 min

- 1 pâte feuilletée ou brisée ou un reste de pâte à tarte maison
- 1 jaune d'œuf
- Restes de sauce tomate, de fromage, graines de sésame, graines de pavot, herbes de Provence, épices...

Parsemez la pâte des ingrédients de votre choix en veillant à incruster dans la pâte les graines, les herbes et les épices, et à en recouvrir entièrement la surface de sauce tomate ou de fromage.

Découpez des petits carrés mode chips ou des bandes de pâte pour former des torsades.

Badigeonnez de jaune d'œuf pour faire dorer.

Glissez au four préchauffé à 180 °C (th. 6) pour 10 min environ.

Variante : *à croquer nature ou avec un dip au fromage blanc ou à la sauce tomate.*

Tostadas

version canapés

Le thème des apéritifs salés faits maison décliné avec un support qui ne nécessite aucune cuisson.

Pour 2 à 4 personnes
Préparation : 15 min

- 1 pain (ou 1 baguette) tranché et grillé
- Sardines à l'huile en boîte
- Un demi-avocat
- Un reste d'omelette
- 1 tomate
- 1 œuf dur
- Feuilles de basilic
- 1 échalote
- Persil
- 1 citron
- Mélange 5 poivres
- Sel

Ustensiles :

- Des piques en bois

Écrasez les sardines. Hachez fin l'échalote et le persil, mélangez-les avec les sardines et arrosez de jus de citron. Réservez.

Écrasez l'avocat, écrasez l'ail, mélangez et arrosez de jus de citron. Réservez.

Coupez l'œuf et la tomate en tranches. Découpez l'omelette en petits rectangles. Assaisonnez les préparations à votre goût.

Sur une partie des tranches de pain, étalez la préparation à base de sardines, la préparation à base d'avocats, coiffez cette dernière d'une tranche d'œuf et donnez un tour de moulin 5 poivres.

Sur les autres tranches de pain, posez une tranche de tomate, un rectangle d'omelette et une feuille de basilic.

Pour faire tenir vos *tostadas*, plantez un pique en bois, et servez accompagné d'une petite serviette en papier.

Spaghettis
ail et anchois

Ah les pâtes ! Pour les amateurs véritables, il suffit d'un rien pour réaliser un plat dont ils se régalent.

Pour 2 personnes
Préparation : 10 min
Cuisson : 15 min

- 80 à 100 g de pâtes par personne
- 2 gousses d'ail
- 4 à 5 anchois à l'huile
- Une demi-botte de persil
- Huile d'olive
- Parmesan râpé
- Sel, poivre

Mettez à bouillir une grande casserole d'eau avec du gros sel avant d'ajouter les pâtes.

Écrasez l'ail et hachez le persil. Jetez vos pâtes cuites al dente dans l'égouttoir.

Dans la même casserole, faites frire dans l'huile l'ail et les anchois en remuant, puis ajoutez les pâtes et le persil.

Faites sauter le tout. Parsemez généreusement de parmesan râpé.

Spaghettis
tomate fraîche

« Ah, les pâtes ! » bis. Pour les amateurs véritables, il suffit d'un rien pour réaliser un plat dont ils se régalent. Cet autre exemple le confirme une fois de plus !

Pour 2 personnes
Préparation : 10 min
Cuisson : moins de 15 min

- 80 à 100 g de pâtes par personne
- 2 gousses d'ail
- 2 tomates bien goûteuses
- Huile d'olive
- Fromage frais
- Sel, poivre

Mettez à bouillir une grande casserole d'eau avec du gros sel avant d'ajouter les pâtes.

Écrasez l'ail et coupez les tomates en 6 quartiers. Jetez vos pâtes cuites al dente dans l'égouttoir.

Dans la même casserole, faites revenir sans colorer l'ail et les tomates dans l'huile, mélangez et ajoutez les pâtes dès que les tomates rendent un début de jus.

Faites sauter le tout. Parsemez de fromage frais ou de fromage de chèvre pour un goût plus piquant.

FÉCULENTS

Nouilles
version Asie

Les nouilles font également vibrer les palais du côté de l'Asie. Elles cohabitent alors volontiers avec la courgette et les carottes. Tant mieux, celles-ci se sentaient un peu seules dans le réfrigérateur.

Pour 2 personnes
Préparation : 15 min
Cuisson : 15 min

- Un demi-paquet de nouilles au blé acheté au rayon des produits asiatiques
- 2 carottes
- 1 courgette
- 1 oignon
- 2 gousses d'ail
- Sauce soja
- Huile de sésame
- Sel, poivre

Coupez en tranches fines les carottes, la courgette et l'oignon. Écrasez l'ail.

Préparez les nouilles comme indiqué sur l'emballage.

Dans un wok, chauffez l'huile puis faites revenir l'ail et l'oignon en remuant. Ajoutez les légumes, assaisonnez et faites-les sauter à feu vif sans cesser de remuer.

Une fois les légumes souples, ajoutez les nouilles, arrosez d'un filet de sauce soja et poursuivez la cuisson 2 à 3 min en prenant soin de bien mélanger tous les ingrédients.

Risotto

petit pois-parmesan en toute simplicité

Après les pâtes, le riz. Ici un riz rond pour une composition en blanc et vert très facile à préparer.

Pour 2 personnes
Préparation : 5 min
Cuisson : moins de 15 min

- 2 mesures de riz rond (riz pour risotto)
- 1 tasse de petits pois surgelés
- 3 ou 4 feuilles de laitue
- Parmesan
- Sel, poivre

Préparez du riz à l'étouffée (recette p. 92) et une fois l'eau de cuisson absorbée aux 3/4, ajoutez la laitue et les petits pois.

Couvrez et terminez la cuisson. Mélangez délicatement.

Servez avec du parmesan râpé.

Variante : *faites revenir la laitue dans un peu de beurre avant de l'ajouter au riz et de suivre la recette comme ci-dessus.*

Riz
à la tomate

Une recette basique qui adore la compagnie d'une poêlée de poivrons et d'une demi-mozzarella.

Pour 2 personnes
Préparation : 5 min
Cuisson : 15 min

- 2 mesures de riz rond (riz pour risotto)
- 1 boîte de tomates entières pelées
- 2 gousses d'ail
- Huile d'olive
- Herbes de Provence
- Sel, poivre

Préparez du riz à l'étouffée (recette p. 92), mais remplacez la moitié de la mesure d'eau par le jus des tomates pelées, en complétant avec de l'eau si nécessaire (versez directement dans la boîte de conserve).

Dans un wok, faites revenir l'ail écrasé dans de l'huile, ajoutez les herbes de Provence et les tomates entières que vous écrasez entre vos doigts. Laissez réduire à couvert et à feu doux.

Une fois le riz cuit, nappez avec la préparation à la tomate.

Variante : *remplacez les herbes de Provence par du piment de Cayenne en poudre.*

Riz
à l'étouffée

Pour 2 personnes
Préparation : 5 min
Cuisson : 15 min

1 mesure de riz pour
2 généreuses mesures d'eau

Gros sel

Utilisez de préférence du riz pour risotto.

Versez l'eau dans une casserole, ajoutez une pincée de gros sel, le riz et mélangez.

Portez à ébullition, puis baissez à feu doux et faites cuire à couvert.

Le riz est cuit une fois l'eau absorbée.

Soupe

aux pois cassés très carottée

Pour 4 personnes
Préparation : 10 min
Trempage : 2 h
Cuisson : 1 h

- 300 g de pois cassés
- 4 à 5 carottes
- Un demi-oignon
- 1 gousse d'ail
- Huile d'olive
- 2 pommes de terre
- Sel, poivre

Mettez à tremper les pois cassés pour faciliter la cuisson. Émincez l'oignon, écrasez l'ail, coupez les carottes en grosses rondelles et les pommes de terre en quatre.

Dans une cocotte, faites revenir l'oignon, l'ail et les carottes. Ajoutez les pois cassés rincés, couvrez avec de l'eau jusqu'à 1 cm au-dessus des légumes, ajoutez les pommes de terre.

Portez à ébullition, puis baissez le feu et laissez mijoter environ 1 h. Salez uniquement en fin de cuisson.

Quand les légumes sont cuits, retirez 2 louches de bouillon, mixez la soupe et ajoutez du bouillon pour obtenir la texture souhaitée.

Variante : *ajoutez 4 saucisses de Francfort 10 min avant la fin de cuisson et sans les passer au mixeur, ou servez avec des croûtons.*

FÉCULENTS

Galettes

au riz et au bleu de chèvre

Quand il n'y a plus que des restes, il y a toujours moyen de préparer un petit quelque chose. Même que les enfants en redemandent, et qu'il faut attendre qu'il y ait de nouveaux restes !

Pour 1 personne
Préparation : 10 min
Cuisson : 10 min

- Du riz cuit de la veille
- 1 œuf
- 1 morceau de bleu de chèvre
- 1 gousse d'ail
- Huile végétale
- Quelques brins de ciboulette
- Sel, poivre

Émiettez le fromage et l'ail, mélangez avec le riz et l'œuf. Assaisonnez. Vous obtenez une préparation de texture épaisse.

Faites chauffer un peu d'huile dans une poêle antiadhésive, ajoutez une grosse cuillerée du mélange et aplatissez-la.

Quand un des côtés de la galette est bien saisi, retournez-la. Servez la galette dorée, parsemée de ciboulette et accompagnée d'une salade verte croquante.

FRUITS

Flambée
de poires croquantes

Un petit dessert chaleureux fait dans la minute où l'élément essentiel est le fruit. Les autres ingrédients, c'est vraiment de la gourmandise – soit dit entre nous !

Pour 1 personne
Préparation : 10 min
Cuisson : 10 min

- 1 poire
- 3 noisettes
- Grand Marnier
- Beurre
- 1 c. à s. de crème fouettée

Coupez la poire dans le sens de la longueur. Faites fondre un peu de beurre dans une poêle antiadhésive, ajoutez la poire et faites-la rôtir à feu doux de chaque côté.

Une fois la poire légèrement caramélisée, éteignez le feu, arrosez sans excès de Grand Marnier et faites flamber.

Décorez de crème fouettée et de noisettes concassées et servez.

Variante : *remplacez les poires par des bananes et les noisettes par des noix.*

Compote
d'ananas

Choisissez un fruit parfumé et très mûr : cette condition est essentielle pour la réussite de votre compote !

Pour 4 personnes
Préparation : 15 min
Cuisson : 1 h

1 ananas

Sucre en poudre en quantité adaptée à la taille de l'ananas

Coupez l'ananas en morceaux, éliminez le cœur si celui-ci est trop dur.

Déposez dans une casserole, ajoutez du sucre – il doit enrober les morceaux de fruits –, mélangez.

Faites cuire à feu doux jusqu'à obtenir une préparation homogène.

Variante : *les téméraires ajoutent un peu de cannelle, les gourmands dégustent la compote avec une boule de glace à la vanille et les avisés, avec un yaourt nature, fait maison bien sûr !*

Salade
de fruits méli-mélo

Voici un dessert idéal pour terminer une corbeille à fruits qui court à sa fin. Les fruits secs lui donnent une texture croquante et augmentent l'effet vitaminé.

Pour 1 à 6 personnes
Préparation : 15 min
Repos : 30 min

- Fruits frais et fruits secs disponibles
- Sucre
- Jus de citron

Coupez tous les fruits à votre disposition en cubes.

Concassez les fruits secs.

Disposez dans un grand saladier, arrosez de jus de citron, saupoudrez éventuellement de sucre et mélangez le tout.

Laissez reposer 30 min.

FRUITS

Milk-shake
banane et amandes

Un goûter frais et sain, très facile à faire – vraiment, très facile !

Pour 1 à 2 personnes

Préparation : 5 min

- 25 cl de lait
- Un demi-yaourt
- 1 banane
- 1 à 2 c. à s. d'amandes entières

Mixez le lait, le yaourt, la banane et les amandes jusqu'à obtenir un mélange mousseux.

Servez dans un grand verre.

Variante : *remplacez les amandes par des dattes.*

Porridge

aux noisettes, noix, banane, pomme et miel

Un petit-déjeuner qui annonce une journée aussi douce que croquante ! Cela vaut bien la peine de passer un peu de temps à sa préparation.

Pour 2 personnes
Préparation : 15 min
Cuisson : 15 min

- 1 mesure de flocons d'avoine pour 3 mesures de lait
- 1 pincée de sel
- 1 poignée de noisettes et de noix
- 1 banane
- 1 pomme
- Miel

Chauffez le lait, le sel et les flocons d'avoine dans une casserole. Baissez le feu à ébullition et poursuivez la cuisson à feu doux en remuant avec une cuillère en bois.

Concassez grossièrement au mortier les noisettes et les noix. Faites-les griller dans une poêle antiadhésive. Coupez la banane et la pomme en rondelles.

Quand le porridge est onctueux, servez dans des bols, ajoutez les fruits, parsemez avec le mélange noix-noisettes et décorez d'un filet de miel.

Variante : *ajoutez à chaque assiette de porridge une noisette de beurre et 2 c. à c. de sucre roux, mélangez, puis saupoudrez une moitié avec de la cannelle et l'autre avec des noisettes concassées et grillées.*

Crêpes
noix-cannelle

Les crêpes ne se préparent pas seulement à la Chandeleur !
Celles-ci par exemple se prêtent merveilleusement à un goûter automnal.

Pour 2 personnes
Préparation : 5 min
Cuisson : 10 min

- 160 g de farine
- 280 ml de lait
- 2 œufs
- Beurre
- Sucre roux
- Noix
- Cannelle

Préparez votre pâte à crêpes en mélangeant farine, œufs et lait.

Concassez finement les noix et intégrez-les à la pâte.

Faites dorer vos crêpes dans une poêle anti-adhésive avec une noisette de beurre.

Servez en saupoudrant de sucre roux et de cannelle.

Variante : *les personnes très gourmandes ajoutent 1 cuillerée de crème fouettée.*

Cheesecake

brousse-poire sur palets bretons

Un dessert frais à réaliser avec les derniers gâteaux secs du paquet et la dernière poire de la corbeille à fruits.

Pour 2 personnes

Préparation : 15 min

Repos : 1 h 30

- 200 g de brousse
- 1 poire
- 2 palets bretons
- 15 à 20 g de beurre
- 2 c. à c. de sucre glace

Égouttez la brousse. Émiettez les palets et mélangez-les au beurre.

Tapissez-en le fond d'un joli bol, réservez au réfrigérateur pendant 30 min.

Pelez, épépinez et râpez la poire. Mélangez avec la brousse et le sucre glace.

Versez sur le fond de palets et remettez au réfrigérateur pendant 1 h au minimum avant de déguster.

Variante : *si la brousse n'est pas en magasin, remplacez-la par de la ricotta.*

Crédits photographiques

Toutes les photos sont de **Scadi Kaiser**, excepté les pages suivantes :
Shutterstock.com – Anna Shepulova : 107 ; Annika Gtandelheid : 100 ; Ann Merrow : 12 ; baibaz : 103 ; cosmicanna : 36, 62 d, 70, 102 ; Detsina Nadezhda : 104 ; Ekaterina Kondratova : 105 ; Elena Pimonova : 78, 98 ; Elena Shashkina : 45 ; Elena Veselova : 91 ; etorres : 87 ; fotohunter : 5 h ; frank60 : 101 ; from my point of view : 73, 83, 85 ; imageBROKER.com : 23 ; Julia Sudnitskaya : 99 ; Kiian Oksana : 55 ; Loginova Li : 62 g ; MariaKovaleva : 75 ; Martin Turzak : 69 ; MicroOne : 92 ; New Africa : 5 b ; Nishihama : 93 ; nld : 14 ; Sea Wave : 25 ; Silvia Bogdanski : 41 ; Switlana Sonyashna : 7 ; Tatevosian Yana : 8-9 ; Tatiana Volgutova : 97 ; Tatiana Vorona : 81 ; Vector Tradition : 10, 16, 20, 22, 24, 46, 56, 58, 64, 68, 82, 84, 86, 88 ; Vladislav Noseek : 111 ; ZOLDATOFF : 43.